Una MORENA
y una RUBIA

Loreto de Miguel y Alba Santos

Una MORENA *y una* RUBIA

edelsa
GRUPO DIDASCALIA, S.A.

Colección **"Para que leas"**:
Dirigida por Lourdes Miquel y Neus Sans

Primera edición: 1987
Segunda edición: 1995

Diseño gráfico y cubierta: *Angel Viola*
Ilustraciones: *Mariel Soria*

© Las autoras
  EDELSA Grupo Didascalia, S.A.

ISBN: 84-7711-014-X
Depósito legal: M-28666-1995
Impreso en España - Printed in Spain
ROGAR, S.A. C/ León, 44. Pol. Ind. Cobo Calleja
FUENLABRADA (Madrid)

El tren está llegando a la estación de Atocha[1]. Por la ventanilla se ven las grandes autovías que salen de Madrid y las luces de la ciudad. Margarita Almela y Javier Vera han estado hablando durante todo el viaje. Han pasado dos días en el Parador de Trujillo[2], dos días maravillosos, tranquilos y divertidos. Llegar les pone un poco tristes. No saben cuándo podrán volver a hacer un viaje juntos. Javier Vera está casado y tiene tres hijos aún pequeños. Margarita es su amante. Está totalmente enamorado de ella. Es una mujer inteligente, trabajadora, independiente y buena compañera. Javier ha pensado muchas veces en separarse de su mujer, pero no se decide. La gente baja del tren. Todo el mundo va con su maleta buscando la salida del andén.

—Cogemos un taxi, te dejo en tu casa y luego yo sigo hasta la mía. ¿Te parece?

—Vale.

Delante de casa de Margarita se despiden:

—Te llamo mañana o pasado mañana. Cuídate. Y gracias por este estupendo fin de semana —dice Javier mientras le da un beso.

—Cuídate tú también. Adiós.

—Ahora vamos hacia Majadahonda. Después de Las Rozas³, yo le indico —le dice Javier al taxista.

* * *

El salón del chalé está perfectamente ordenado. Los niños ya están durmiendo y Carmen, una mujer morena, de pelo rizado y no muy largo, delgada, de unos cuarenta años, está viendo la televisión. Mira el reloj. Son las doce de la noche. Se levanta. Mira por la ventana que da al jardín. Se sirve un whisky. Vuelve a mirar el reloj. Coge el teléfono. Lo cuelga antes de marcar el número. Pasea por el salón y vuelve a coger el teléfono. Llama.

—¿Diga? —dice una voz masculina.

—Alberto, soy Carmen. Perdona. Ya sé que es muy tarde pero es que estoy muy preocupada.

—¿Qué pasa?

—¿A qué hora tenía que volver Javier de Sevilla?

—Creo que en el tren de las diez menos cuarto. ¿No ha llegado todavía...? Mujer, tranquila. Seguro que el tren va con retraso. No te preocupes, Carmen. Ve a dormir. Javier llegará enseguida.

Alberto Aguilera es arquitecto, como Javier Vera. Tienen un estudio en la calle Goya esquina Lagasca. Son amigos desde la Universidad y hace casi quince años que trabajan juntos. Son muy conocidos y ganan mucho dinero. Alberto es la única persona que sabe que Javier es amante de Margarita. La única persona que sabe que Javier no está en un viaje de negocios en Sevilla. Cuando cuelga el teléfono está un poco preocupado, pero luego se tranquiliza: «¡La R.E.N.F.E.!»[4], piensa.

* * *

Al día siguiente Alberto entra en su estudio a las diez de la mañana. Allí está Mamen, una estudiante de arquitectura que les ayuda.

—Mamen, ¿está Javier?

—No, todavía no ha llegado. ¿Qué pasa hoy que todo el mundo busca a Javier?

—¿Por qué dices eso?

—Porque su mujer ha llamado cinco o seis veces.

—Llámala por teléfono, por favor, y pásame la llamada.

—O.K. ¡Vaya día!

Después de hablar con Carmen, Alberto está realmente preocupado. Nadie sabe nada de él y Javier siempre avisa cuando llega tarde o no va a trabajar. Ha llamado a Margarita pero su secretaria le ha dicho que no estaba, que estaba en una reunión. Después de esa llamada Alberto está más preocupado que antes. Margarita ha vuelto, pero Javier no.

—¿Qué ha podido pasar? —pregunta Mamen cada vez más nerviosa.

—Ni idea, Mamen. Ni idea.

* * *

Pepe entra en su oficina. Ha estado casi toda la mañana en el banco. Los mismos problemas de siempre. «El dinero —piensa Pepe—. El miserable dinero.»

—¡Por fin llega, jefe! ¿Qué tal le ha ido en el banco?

—Prefiero no hablar de eso.

—¿Se ha enterado de esto, jefe? —dice Susi señalando el periódico.

—No me he enterado de nada. No he desayunado, no he leído el periódico... No he hecho nada. Perder el tiempo hablando de dinero.

—Pues ahora le preparo un café, pero primero escuche esto. ¿Se acuerda de Javier Vera, aquel arquitecto que hizo ese edificio tan bonito cerca de la Plaza Castilla? Pues ha desaparecido. El periódico dice que seguramente es un secuestro. ¿Y sabe lo peor? Romerales se ocupa del caso. ¡Nunca encontrarán a ese pobre hombre!

* * *

El inspector Romerales está de pie, al lado del sillón donde está sentado Alberto Aguilera. Romerales, nadie sabe por qué, nunca se sienta y nunca se quita la gabardina.

—Mire, inspector Romerales —dice Alberto— nosotros trabajamos mucho, tenemos muchos proyectos, somos buenos profesionales y ganamos bastante dinero. Pero no tanto dinero como un industrial o un banquero. Seguro que no lo han secuestrado para conseguir dinero. Seguro que no.

—Entonces, será un móvil político.

—Javier nunca ha pertenecido a ningún partido político. Es un demócrata. Y ningún grupo político puede tener nada contra él.

—Ya verá usted como tengo razón. Seguro que lo han secuestrado unos terroristas.

Cuando Romerales no entiende algún caso siempre

«Romerales, nadie sabe por qué, nunca se sienta...»

piensa que las razones son políticas. Esta vez también, claro. Quizá esta vez lo descubrirá todo. Hay una cosa extraña: si lo ha secuestrado un grupo terrorista, ¿por qué no han pedido un rescate? «Seguro que mañana o pasado mañana lo piden. Estoy seguro.»

* * *

Mientras Romerales sale del estudio de los arquitectos, una mujer de ojos verdes está sentada delante de la mesa de trabajo de Pepe Rey:

—Soy...

—Margarita Almela. La conozco muy bien. Es usted una abogada famosa. Famosa y muy buena, además.

—Gracias.

—¿Y en qué puede ayudar un detective como yo a una mujer como usted?

—Voy a explicárselo. Hace casi dos años que salgo con un hombre casado. Casado, con hijos y bastante conocido. Su mujer no sabe nada. En realidad nadie sabe nada de lo nuestro. Él tendría problemas familiares y yo tendría otra clase de problemas.

—¿Qué quiere decir?

—Como sabe, voy a presentarme a las próximas elecciones municipales. Una mujer que tiene un amante casado tiene pocas posibilidades de ser elegida... Ésta es todavía una sociedad machista...

—Todavía no entiendo qué puedo hacer yo por usted.

—El fin de semana pasado estuvimos juntos en Trujillo. Nos vamos de viaje algunas veces, pocas. Él le dice a su mujer que tiene un viaje de negocios y nos vamos. El domingo por la noche me llevó a mi casa en taxi y él

10

siguió hacia la suya. Desde entonces nadie ha sabido nada de él.

—O sea, que su amante es Javier Vera.

—Exactamente. Veo que lee los periódicos.

Margarita abre el bolso y saca un paquete de tabaco y un gran sobre. Pepe la mira con cariño. Piensa que es una mujer más débil de lo que parece y, además, tiene unos maravillosos ojos verdes.

—¿Un cigarrillo? —dice Margarita.

—Gracias.

Pepe coge una caja de cerillas de encima de la mesa y le da fuego a la abogada. Después enciende su cigarrillo. De nuevo ha olvidado que quiere dejar de fumar.

—Esta mañana —continúa Margarita— he recibido este sobre. Veinte fotografías de Javier y yo besándonos, abrazados, en la habitación del hotel, cogidos de la mano en el tren, despidiéndonos delante del portal de mi casa... En fin, todas las pruebas de que somos amantes.

—Déjeme verlas. ¿No había nada más en el sobre?

—Claro que sí. Un anónimo. Dicen que si no consigo en quince días veinte millones de pesetas, publicarán estas fotos en la prensa y, además, matarán a Javier.

—¿Puede usted conseguir ese dinero?

—No, imposible.

—Vamos a ver: yo voy a empezar las investigaciones hoy mismo y usted va a seguir haciendo la vida de siempre. Estaremos en contacto. ¿Sospecha de alguien, Margarita?

—La verdad es que no sé qué pensar. Sospecho de todo el mundo y no sospecho de nadie. Pepe, ayúdeme y ni una palabra a la policía.

—Confíe en mí.

* * *

Pepe no sabe exactamente por qué pero está seguro que a Javier no lo han secuestrado por motivos políticos. Le parece raro. Las elecciones municipales serán dentro de dos años, están aún muy lejos. Para quedarse tranquilo hace algunas investigaciones en algunos partidos políticos: en el P.S.O.E., en A.P., en el P.C., en el C.D.S.[5] Ahora ya está completamente seguro: ningún partido es responsable de este asunto.

* * *

El viernes al mediodía Pepe Rey y Susi están comiendo en una tasca[6] cerca de su despacho, de ésas que tienen jamones[7] colgando, que huelen a aceite y que siempre tienen puesta la televisión. Están viendo el «Telediario»[8]. En ese momento la mujer de Javier Vera está hablando:
«Por favor, a los que tienen secuestrado a mi marido les pido que nos digan algo, que nos prueben que está vivo. Por favor, por favor...»
Carmen empieza a llorar, saca un pañuelo y mirando a la cámara sigue diciendo:
«Por favor, estamos desesperados. Javier, si me estás escuchando, piensa que te queremos mucho...»
Y empieza a llorar de nuevo. La siguiente noticia es sobre el tiempo.
—¡Pobre mujer! —dicen algunas personas que están comiendo allí.

* * *

A las cinco de la tarde Margarita vuelve a la oficina de Pepe. Susi está sola. Pepe ha salido un momento.

—¿Le apetece un café?

—No, gracias. ¿Puedo hacer una llamada?

—Sí, claro. Allí está el teléfono.

Mientras Margarita habla con su secretaria, Susi está mirando por la ventana. Últimamente Susi está algo enamorada y pasa muchas horas mirando por la ventana. Abajo hay un joven muy moreno, que lleva una cazadora de cuero negro y unas botas militares. Está en la esquina. Parece nervioso.

Margarita ya ha colgado.

—¿Ha venido sola? —le pregunta Susi.

—Sí.

—Pues alguien la está siguiendo. Mire por la ventana. ¿Ve aquel chico de cazadora de cuero, el de la esquina?

—¡Ese chico iba en el tren!

Pepe tarda en llegar. Margarita está leyendo el periódico. Hay unas declaraciones de Romerales diciendo que la policía lo tiene todo controlado y que dentro de pocos días el caso Vera estará resuelto porque están a punto de encontrar al grupo terrorista que lo ha secuestrado.

Susi y Margarita le cuentan lo que ha pasado. Pepe mira por la ventana. El chico sigue allí.

—Margarita, usted ahora coge el coche y se va tranquilamente a su casa. Susi y yo la seguiremos. Y, por favor, esta noche no salga de su casa. Quédese allí mirando la tele, pero no salga.

* * *

Entre el Seat Ibiza rojo de Margarita y el Peugeot negro de Pepe Rey hay una enorme moto. Es la del joven moreno que sigue a Margarita. Cogen la Castellana[9] a la altura de Colón[10] y van subiendo. Primero pasan por la Plaza de Castelar, por Nuevos Ministerios, luego, por delante del Bernabeu[11] y, al final, delante del Ministerio de Defensa, giran a la derecha y luego a la izquierda para coger la calle Juan Ramón Jiménez. Delante de unos jardines vive Margarita. Entra en un parking y cinco minutos después entra en su casa. El joven ha dejado la moto aparcada y parece que va a estar esperando allí mucho rato. Pepe Rey y Susi se quedan dentro del coche aparcado en doble fila. A nadie le parecerá raro. En todas las calles madrileñas hay coches aparcados en doble fila. Una hora después Pepe está medio dormido.

—¡Jefe, jefe! ¡Que se va!

* * *

Ha llegado una mujer de mediana edad. Ha hablado un momento con el chico y se queda a vigilar. El joven pone en marcha la moto. Pepe, el coche. Ahora van Castellana abajo. En Cibeles giran a la derecha para coger Gran Vía. Aparcan en la Plaza Vázquez de Mella. El chico anda rápido. Susi también. Pepe se cansa. «Demasiados kilos y demasiado tabaco», piensa. El chico entra en «Chicote»[12]. Como siempre el bar está lleno de hombres y mujeres mayorcitos, muy arreglados, que creen todavía ser tan atractivos como en su juventud. Hay muchas mujeres solas, demasiado maquilladas. En un rincón, al fondo, hay una mujer rubísima con el pelo muy corto y rizado que saluda al joven. Susi y Pepe se sientan en una mesa cerca, pero no pueden oír lo que dicen. Pepe se toma el cóctel del día. Está nervioso y necesita algo fuerte. Sabe que está cerca del final del caso. Una media hora después el joven se va.

—Jefe, yo me voy a casa. Ése se va de juerga.

«Por la ventana Pepe los ve abrazados en el sofá.»

—Haz lo que quieras, Susi. Ya has trabajado bastante. Pero yo voy a ver qué hace.

Susi tenía razón. El chico ha estado tomando copas en tres o cuatro bares de Malasaña[13] y Pepe sólo ha conseguido emborracharse y ver como el chico de cazadora de cuero se iba a pasar la noche con una rubia guapísima.

* * *

El dormitorio de Pepe está lleno de libros, revistas, vasos, periódicos atrasados, ropa por el suelo. Susi siempre le dice que tiene que buscar una asistenta. Suena el teléfono. Antes de cogerlo Pepe mira el despertador: las cinco y media de la mañana.

—Jefe, ¡la mujer rubia! ¡La mujer de «Chicote» es la mujer de Javier Vera!

* * *

Al día siguiente Pepe va a vigilar el chalé de los Vera. A las once de la noche llega un hombre muy guapo. Carmen lo abraza y pasan al salón. Por la ventana Pepe los ve abrazados en el sofá, como dos amantes. En la tele ponen una película de amor y Pepe no sabe si es Carmen o una actriz la que acaba de decir: «Te quiero y pronto podremos vivir juntos».

* * *

—Susi, llama al siete, veintidós, setenta y cinco, ochenta. Y pregunta por la señora Vera.

Un momento después Susi le pasa la llamada.

—¿Señora Vera? Quiero hablar un momento con usted. Creo que sé quién ha secuestrado a su marido. ¿Puedo ir a verla ahora mismo?

—Es que...

—Es muy importante. De verdad.

Media hora después Pepe aparca delante del chalé de los Vera. Carmen abre la puerta. Está fea. «Voluntariamente fea y triste», piensa Pepe.

—Señora Vera, a su marido no lo ha secuestrado un grupo terrorista. Lo han secuestrado por amor.

—¿Qué quiere decir?

—Que todo lo ha organizado usted.

—¿Yo? Usted está loco. ¿Qué puedo ganar con eso?

—Muy fácil. Como Margarita Almela no podrá conseguir los veinte millones, alguna revista publicará las fotos y usted, como todo el mundo sabrá que su marido tiene una amante, podrá pedir el divorcio y vivir con ese hombre que vino a verla ayer y que ha venido a verla muchas veces.

Carmen empieza a llorar. Mira a Pepe. No puede seguir mintiendo:

—¿Cómo lo ha descubierto?

—Señora Vera, una peluca rubia es muy fácil de descubrir para un buen detective.

* * *

Llaman a la puerta. Es Romerales que ha venido a decirle a Carmen que no se preocupe, que van a encontrar a los secuestradores.

—Inspector —dice Pepe Rey—, ya los ha encontrado. Detenga a esta mujer y al grupo de jóvenes que ella ha pagado para secuestrar a su marido. Por cierto, Carmen, ¿verdad que su marido está escondido en la casa que tienen en Navacerrada? Romerales, vaya a buscarlo. Eso es asunto de la policía.

Romerales está de muy mal humor. No le gusta obedecer a nadie. Y menos a un detective privado. «Ese imbécil —piensa— siempre tiene que descubrirlo todo.»

* * *

Javier Vera, Margarita, Susi y Pepe están tomando champán en la oficina. ¡Por un futuro feliz! Cuando la pareja se va, Pepe le dice a Susi:

—Te invito a cenar. Por fin hemos cobrado.

—Jefe, ¿le duele algo?

—No, ¿por qué?

—Es la primera vez que me invita en estos años.

Pepe sonríe y coge su chaqueta. Encima de la mesa hay un sobre.

—¿Qué es esto, Susi?

—Una carta, jefe. La ha traído el portero.

Pepe abre el sobre. Es de Elena, su ex-mujer:

«Pepe: Hace tres meses que no me das el dinero para el colegio de los niños. Esto no puede ser.»

—Susi, me parece que iremos a cenar otro día...

«*Te invito a cenar. Por fin hemos cobrado.*»

Notas

(1) Es la estación a donde llegan y de donde salen los trenes del Sur y Levante.

(2) Los paradores nacionales son hoteles que pertenecen al Estado y que suelen ser viejos castillos, palacios o conventos restaurados.
Trujillo es una ciudad monumental que está en la provincia de Cáceres (Extremadura).

(3) Las Rozas y Majadahonda son dos modernas urbanizaciones en las afueras de Madrid, donde viven, en chalés, familias acomodadas.

(4) R.E.N.F.E. (Red Nacional de Ferrocarriles Españoles) Es un tópico entre los españoles considerar que los trenes llevan siempre mucho retraso.

(5) P.S.O.E.: Partido Socialista Obrero Español.
A.P.: Alianza Popular (de tendencia conservadora).
P.C.: Partido Comunista.
C.D.S.: Partido Democrático y Social.

(6) Es un tipo de bar popular donde suelen tomarse aperitivos y que ofrecen comidas caseras y económicas.

(7) Las patas del cerdo se salan y se curan enteras y en muchos bares o tiendas de alimentación están colgados del techo.

(8) Nombre que reciben los programas informativos de televisión.

(9) La Castellana es una gran avenida que se extiende de Norte a Sur y en la que se encuentran muchos centros oficiales, grandes edificios y rascacielos de modernas oficinas, comercios y viviendas de lujo. En su parte norte se encuentra el «Complejo de Azca», zona que se identifica como el «Manhattan madrileño».

(10) También llamada Plaza del Descubrimiento en la que hay un monumento a Cristóbal Colón y un monumento al Descubrimiento de América (76), la Biblioteca Nacional y un centro de actividades culturales «Centro Cultural de la Villa».

(11) Estadio del equipo de fútbol «Real Madrid».

(12) Es una famosa coctelería situada en la Gran Vía.

(13) Barrio frecuentado por un público joven en donde hay muchos bares, discotecas, restaurantes, etc.

Notes

(1) La gare d'où partent et où arrivent les trains reliant la capi-
tale espagnole au Sud et au Levante.

(2) Les Paradores Nationaux sont des hôtels appartenant à l'Etat
et qui ont été, pour la plupart, aménagés dans de vieux châ-
teaux, palais et couvents restaurés.
La ville de Trujillo, dans la province de Cáceres (Extrémadu-
re) possède de nombreux monuments du Moyen Age et de
la Renaissance.

(3) Las Rozas et Majadahonda sont deux agglomérations rési-
dentielles de la banlieue de Madrid habitées par des famil-
les aisées.

(4) RENFE (Réseau National des Chemins de Fer Espagnols). Se-
lon les Espagnols, leurs trains arrivent souvent en retard.

(5) PSOE: Parti Socialiste Ouvrier Espagnol.
A.P.: Alliance Populaire (parti à tendance conservatrice).
P.C.: Parti Communiste.
C.D.S.: Centre Démocratique et Social.

(6) Sorte de bristot où l'on prend l'apéritif et qui sert des repas
économiques.

(7) Les jambons sont généralement pendus au plafond dans les
bars et les charcuteries.

(8) Journal parlé de la Télévision espagnole.

(9) La Castellana: grande avenue qui s'étend du Nord au Sud
de Madrid et où se trouvent de nombreux organismes d'Etat,
de grands immeubles occupés par des bureaux, des commer-
ces et des logements de luxe. Dans la partie nord se trouve
le Centre «AZCA», zone que l'on appelle le Manhattan ma-
drilène.

(10) Endroit également appelé «Place de la Découverte»; on y trouve le monument à Christophe Colomb, un monument à la Découverte de l'Amérique (76), la Bibliothèque Nationale et un centre d'activités culturelles (Centre Cultural de la Villa).

(11) Stade de l'équipe de football «Real Madrid».

(12) Bar élégant et bien connu situé dans la Gran Vía.

(13) Quartier fréquenté par un public jeune où il y a de nombreux bars, discothèques, restaurants, etc...

Cross references

(1) It is the railway station where the trains from or for the South and East (Levante) of Spain arrive and depart.

(2) «Paradores Nacionales» are State Hotels usually located in old castles, palaces or convents that have been restored. Trujillo is a monumental city in the province of Caceres, Extremadura.

(3) Las Rozas and Majadahonda are two modern new towns in the suburbs of Madrid where well-to-do families live in villas.

(4) R.E.N.F.E. (Red Nacional de Ferrocarriles Españoles = National Network of Spanish Railways). A topic among Spaniards is to consider that trains are always too late.

(5) P.S.O.E.: Partido Socialista Obrero Español (the Spanish Workers' Socialist Party)
A.P.: Alianza Popular (Popular Alliance), conservative party.
P.C.: Partido Comunista (the Communist Party).
C.D.S.: Centro Democrático y Social (Democratic and Social Centre).

(6) It is a kind of popular pub where you can have appetizers and economical home-style meals are served.

(7) The pig's legs are salted and cured whole and they are kept hanging from the ceiling in many snacks-bars and food shops.

(8) This is the name given to the information programmes on television.

(9) «La Castellana» is a large avenue going from North to South across the city where you can find a lot of governmental offices, great buildings and skyscrapers with modern offices, shops and luxurious flats. In the northern part of it there is a shopping centre called «complejo Azca», identified as the Madrilenian Manhattan.

(10) It is also alled «Plaza del Descubrimiento» (Discovery Circus) where you can see a monument to Christopher Columbus, a monument to the Discovery of America, the National Library, and a centre dedicated to cultural activities called «Centro Cultural de la Villa».

(11) A stadium belonging to the «Real Madrid» football club.

(12) A famous cocktail bar located in Gran Via.

(13) A district frequent by young people where there are a large number of pubs, discotheques, restaurants, etc.

Anmerkungen

(1) Das ist der Bahnhof, wo die Züge Richtung Süden und Levanteküste abfahren und ankommen.

(2) Die «Paradors Nacionales» sind staatliche Hotels; normalerweise alte Burgen, Schlösser oder restaurierte Klöster. Trujillo ist eine unter Denkmalschutz stehende Stadt in der Provinz Càceres (Extremadura).

(3) «Las Rozas» und «Majadahonda» sind zwei moderne Wohnsiedlungen am Stadtrand von Madrid, wo gutsituierte Familien in Einfamilienhäusern wohnen.

(4) R.E.N.F.E. (Netz der staatlichen spanischen Eisenbahnen). Die Spanier gehen im Allgemeinen davon aus, dass die Züge immer sehr verspätet ankommen.

(5) P.S.O.E. Sozialistische Arbeiterpartei Spaniens
A.P. Volksallianz (Partei mit konservativer Tendenz)
P.C. Kommunistische Partei
C.D.S. Sozialdemokratische Zentrumspartei.

(6) Das ist eine Art einfache Wirtschaft, in der man gewöhnlich Appetithappen einnimmt und die preisgünstige Hausmannskost anbietet.

(7) Die Schweineschinken werden gesalzen und am Stück an der Luft getrocknet In vielen Kneipen und Lebensmittelgeschäften werden sie an der Decke aufgehängt.

(8) Bezeichnung der Nachrichtensendungen im Fernsehen.

(9) Die «Castellana» ist eine grosse Prachtstrasse, die sich von Norden nach Süden erstreckt und in der sich viele offizielle Einrichtungen befinden, grosse Gebäude und Hochhäuser mit modernen Büros, teure Geschäfte und Luxuswohnungen. In ihrem Nordteil befindet sich der «Azca-Komplex», eine Zone, die das «Manhattan Madrids» gennant wird.

(10) Ebenfalls «Platz der Entdeckung» gennant, auf dem sich das Christoph Kolumbus- Denkmal befindet, ein Denkmal zur Entduckung Amerikas (76), die Nationalbibliothek und ein kulturzentrum, das «Centro Cultural de la Villa» (städtisches Kulturzentrum).

(11) Das Stadion des Fussballclubs «Real Madrid».

(12) Das ist eine berühmte Cocktailbar in der «Gran Via».

(13) Ein Stadtviertel, das von jungem Publikum besucht wird, mit vielen Kneipen, Diskotheken, Restaurants usw.